AF349749

EDICT DV ROY,

PORTANT VNION

d'entre la Chambre des Comptes & Cour des Aydes de Montpellier, du mois de Juillet 1629.

A PARIS,

Par PIERRE ROCOLET, P. METTAYER, &
A. ESTIENE, Imprimeurs ordinaires du Roy.

Au Palais, en la Gallerie des Prisonniers, aux Armes
du Roy & de la Ville.

M. DC. XXXVII.

Auec Priuilege de sa Majesté.

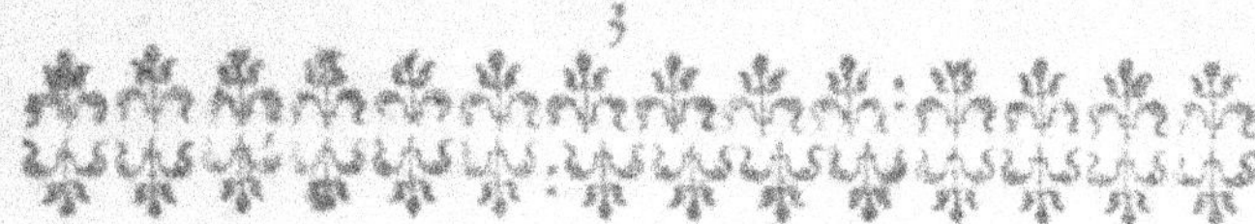

EDICT DV ROY, PORTANT

union d'entre la Chambre des Comptes & Cour des Aydes de Montpellier.

OVIS par la grace de Dieu, Roy de France & de Nauarre, à tous presens & à venir, Salut. Apres tant d'heureux succez que Dieu a donnez à toutes nos entreprises depuis que nous sommes entrez dans nostre Prouince de Languedoc pour reduire à leur deuoir ceux de nosdits sujets que l'aueuglement de la rebellion en auoit retirez ; Nous ne pouuons à present choisir vn plus digne objet de nos soins, & paternelle vigilance qui nous occupe incessamment dans la recherche du bien public, & du repos de nos sujets, qu'en procurant que la justice leur soit promptement renduë, & par vn meilleur ordre que par le passé, tant aux differens qui se meuuent entr'eux, qu'en la perception de nos Droicts, Aydes & Tailles, affin que comme par la force & vertu de nos armes, Nous auons rendu au General de cette Prouince, deserte & desolée,

A ij

par la longueur des troubles, son ancienne dignité
& splendeur, la Iustice espandant ses efets ordinaires au dedans des villes, & chacune d'icelle,
elle puisse cueillir dans vne heureuse tranquillité
les fruits du repos que nous luy auons acquis par
nos trauaux. Et suiuant ce, nous ayant esté repre-
senté l'establissement cy-deuant fait de l'vnion de
nos Chambres des Comptes & Cour des Aydes
de Montpellier, pour estre vn seul corps côme il
est en Prouence, les oppositions y ont esté for-
mées, & les raisons de l'vtilité ou incommodité
qui en doit reüssir. SÇAVOIR faisons, qu'ayant
mis cette affaire en deliberation en nostre Côseil,
où estans aucuns Princes & Officiers de nostre
Couronne, & autres grands & notables person-
nages: DE L'ADVIS d'iceluy, & de nostre certaine
science, pleine puissance & auctorité Royale,
Auons par cettuy nostre present Edict perpetuel
& irreuocable, vny, conjoint & incorporé, vnis-
sons, conjoignons & incorporôs nosdites Chambres des Comptes de Montpellier, & Cour des
Aydes dudit lieu ; en telle sorte que ce ne soit
qu'vne mesme compagnie, qui sera qualifiée nostre Cour des Comptes, Aydes & Finances de
Montpellier, laquelle doresnauant & à tousiours,
aura la souueraine & entiere cônoissance & iurisdiction de nos Aydes, Tailles, Subcides, Octrois,
Subuentions, Gabelles, Grenier à Sel, Traictes
foraines & Domaniales, Ellections, & de toutes
les Impositions qui se feront en l'estenduë du ressort de nostredite Cour des Aydes, comme aussi
des Receptes generales des finances, Taillon, Ga-

belles foraine , Doüannes , & generalement de
tous nos Officiers comptables , & de tous ceux
concernant le maniement des deniers en general dudit pays, Villes , Communautez , ouurages
publics & de noftre Domaine , & generalement
de tous les deniers qui feront impofez & leuez
fur noftredit pays de Languedoc en quelque for-
te que ce foit ; enfemble de toutes matieres concernant les chofes fufdites audit reffort , ainfi &
en la mefme forme que ladite cognoiffance en eft
attribuée à noftre Chãbre des Comptes & Cour
des Aydes de Paris , pour juger & terminer fou-
uerainement & en dernier reffort tous les procez
& differens qui interuiendront entre nos Sujets,
Villes & Communautez , Fermiers de nos Gabelles, Aydes , Tailles, Subcides, Greniers à fel,&
Traictes Foraines & Domaniales : comme auffi
des appellations qui feront interiettées , Ordonnances des Treforiers generaux de France , & des
Sentences des Efleus, Officiers defdits Greniers
à fel, Maiftres des ponts, & tous autres Iuges auf-
quels la cognoiffance defdits cas fufdits doit ap-
partenir en premiere inftance , & de toutes autres matieres,tant ciuiles que criminelles,circon-
ftances & dependances dont connoiffent cefdites
Chambres des Comptes & Cour des Aydes , fui-
uant nos Edicts,Ordonnances & Reiglemens fur
ce faits, mefmes aux faits pour lefdites Cours,en-
cores qu'ils ne foient cy expecifiez , luy en attri-
buant & aux Officiers d'icelles la cognoiffance
fouueraine & entiere iurifdiction & cognoiffance : Et à cette fin voulons & nous plaift que tous

Edicts & Declarations, Concessions, Baux à ferme, & toutes autres Lettres patentes & expeditions concernans le faict de nos Aydes, Tailles,
Subcides, Octrois, Decimes, Subuentions, Gabelles, Greniers à Sel, Eslections, Traictes Foraines & Domaniales, Lettres de prouisions de
tous nos Officiers des Finances & de Iudicatures
par nous establis & à establir en l'exercice des
charges desquelles dependent les choses susdites,
soient addressées ausdites Cours des Comptes,
Aydes & Finances de Montpellier, pour y estre
lesdits Edicts, Lettres patentes, & Declarations,
Baux à ferme, & autres expeditions émanées de
nous pour raison de nosdites Aydes & Finances
registrées, & les Officiers receus en icelles; mesmes les Presidens & Tresoriers generaux de France, de Tolose, & Beziers, & les foix & hommages,
adueus & denombrement y rendus ainsi qu'au-
parauant. Faisant deffences à toutes nos Cours &
autres Sieges de connoistre cy-apres des choses
& matieres, dont la connoissance, par les Edicts
& Reglemens precedens, appartiennent à l'vne
ou à l'autre desdites Cours. Voulons que tous les
iugemens & Arrests qui seront rendus par nostredite Cour des Comptes, Aydes & Finances, tant
au Ciuil qu'au Criminel soient executées, nonobstant oppositions ou appellations quelconques, &
contre les Arrests des autres Cours souueraines.
Pourra ladite Cour prononcer par ses Arrests la
Cour ou la Chambre selon le cas dont s'agira. Et
pour regler la seance des Officiers de ladite Cour,
tant ceux de nostre Chambre des Comptes, que

Cour des Aydes à preſent vnies, N o v s voulons
que doreſnauant les deux premiers Preſidens, qui
exercent à preſent, preſident en noſtre Cour des
Comptes, Aydes & Finances, chacun dans l'vn
des deux Semeſtres cy-apres declarez, ſelon l'ordre de leur reception ; & neantmoins que l'Au-
diance ſoit touſiours tenuë par celuy qui ſera de
robbe longue, à la charge que l'vn des deux Offices venans à vaquer par reſignation ou par mort,
celuy qui ſera pourueu de ladite charge ne pourra pretendre autre rang, qualité & ſeance que
comme les autres Preſidens : Et demeurera le
ſuruiuant, s'il eſt de robbe longue, ſeul premier
Preſident de ladite Cour, pour preſider en l'vn &
l'autre des deux Semeſtres cy-apres declarez, ſelon qu'il ſe pratique aux autres Compagnies Se-
meſtrées. Auquel à cette fin, s'il eſt de robbe courte, Nous permettons de le reſigner à vne per-
ſonne de robbe longue ſeulement, ſans qu'il le
puiſſe exercer, à condition que ledit ſuruiuant,
en cas de reſignation, ſera tenu de recompenſer
la vefue ou heritiers du deffunt, ainſi qu'il ſera par
Nous ordonné. Et quant aux autres Preſidens,
Maiſtres des Comptes, Conſeillers & Generaux
des Aydes, ils y auront rang & ſeances, ſuiuant
l'ordre de leur reception, & ſe qualifieront doreſnauant, ſçauoir les Preſidens, nos Conſeillers &
Preſidens en noſtre Cour des Comptes, Aydes &
Finances de Montpellier. Et les Maiſtres des
Comptes & Conſeillers Generaux des Aydes, nos
Conſeillers, Maiſtres des Comptes, & Gene-
raux de nos Aydes & Finances audit lieu, & ainſi

des autres Officiers de ladite Compagnie. Et d'autant que par le moyen de la presente vnion & attribution de Iurisdiction, le pouuoir des Officiers d'icelle se trouuera grandement augmenté, Nous auôs iugé necessaire d'en accroistre le nombre, affin qu'ils puissent vacquer plus commodément à l'exercice & fonction de leurs charges. Et à cette fin auons par nostredit present Edict creé & érigé, créons & érigeons en tiltre d'Offices formez, deux nos Conseillers & Presidens en nostredite Cour des Comptes, Aydes & Finances de Montpellier, & ressort d'icelle, aux gages de trois mil liures chacun ; & huit aussi nos Conseillers, Maistres des Comptes, & Generaux de nos Aydes & Finances en nostredite Cour, aux gages de deux mil liures chacun ; lesquels Presidens & Maistres seront Graduez ou non Graduez ; quatre nos Conseillers, Correcteurs en ladite Cour, aux gages de quinze cens liures chacun, & huit nos Conseillers & Auditeurs, aux gages de mil liures chacun, & aux espices & droicts tels & semblables que ceux dont iouyssent les autres Presidens, Maistres, Correcteurs & Auditeurs de ladite Chambre ; deux Huissiers ordinaires, aux gages de cent liures chacun. Et au moyen de ce qué par ladite vnion desdites deux Compagnies, il y auroit deux nos Procureurs Generaux, & trois nos Aduocats ; Nous auons aussi par cedit Edict commué vn des Offices de nostre Aduocat General, & l'vn de nosdits Procureurs Generaux, en deux Offices de nos Conseillers & Maistres des Cóptes & Generaux de nos Aydes,

& Fi-

& Finances , pour en estre pourueus ceux que
nous choisirons desdits Aduocats & Procureurs
Generaux ; lesquels à cette fin Nous auons aussi
créez & érigez , créons & érigeons en Chef de
Tiltre d'Office formez, aux mesmes gages, espices & droicts que ceux de pareille qualité cy-deuant mentionnez, y compris ceux dont ils iouyssent à present. Ausquels Officiers presentement
créez , sera par nous dés à present pourueu des
personnes capables ; & cy apres quand vaccation
y arriuera , pour par lesdits Officiers presentement créez , auec lesdits Presidens , Maistres des
Comptes, Conseillers & Generaux des Aydes &
Finances, Correcteurs , Auditeurs , vn desdits
Procureurs, & deux Aduocats Generaux , & autres Officiers desdites Compagnies qui sont à
present, que nous dispensons & déchargeons de
prendre nouuelles prouisions , ny prester autre
serment que celuy qu'ils ont cy-deuant fait, Nous
seruir & exercer lesdites charges en nostredite
Cour des Comptes, Aydes & Finances, & se se-
parer en deux Semestres, chacun desquels sera
composée moitié d'Officiers de robbe longue, &
l'autre moitié de robbe courte , & faire deux Bureaux , qui seront établis en telles Chambres du
lieu où ils exerceront leurs charges qu'ils aduise-
ront ; en l'vn desquels Bureaux sera procedé à l'e-
xamen & closture de comptes . & iugemens des
differens concernans la ligne desdits comptes ; &
en l'autre seront tenus les Audiances, & procedé
au iugement des procez & differens , dont la connoissance est attribuée à nostredite Cour,les Offi-

ciers desquels Bureaux seront aussi my-partis de longue & courte robbe, en chacun desquels deux Semestres : l'vn desdits deux premiers Presidents qui sont à present presideront : le choix neantmoins du Semestre, auec le premier rang & seance, demeurant à l'ancien pourueu & receu, & ce tant & si longuement qu'ils exerceront lesdites charges : & aduenant vaccation de l'vne d'icelles par mort ou resignation, l'ordre cy deuant mentionné sera gardé & obserué : & pour les autres Officiers, ils seront departis entr'eux par moitié en chacun desdits Semestres en la forme cy-deuant prescrite. Faisant lequel departement, ils obserueront tel ordre, qu'il se trouue égal nombre de chacune qualité des anciens Officiers desdites deux Compagnies, & de ceux à present créez suiuant leur reception ; l'option neantmoins demeurant aux plus anciens desdits Officiers de choisir de Semestre. Et quant ausdits nos Aduocats & Procureurs generaux, ensemble leurs Substituts & Huissiers, ils exerceront leurs charges esdits deux Semestres & Bureaux, suiuant le Reglement qui sera estably par nostredite Cour. Voulons que tous nosdits Officiers, tant desdites deux Compagnies vnies en nostredite Cour, que ceux à present créez, jouyssent desdits Offices aux mesmes honneurs, authoritez, priuileges, prerogatiues, préeminences, franchises, libertez, gages, droicts, profits, reuenus & émolumens dont iouyssent, & qui sont attribuez ausdits Officiers de nos Chambres de nos Comptes & Cour des Aydes à Paris. Et outre les gages & droicts cy-de-

uant declarez , permettons aufdits Prefidents &
Confeillers & Maiftres , d'augmenter en leurs
loyautez & confciences les efpices des jugemens
des procez & comptes , felon & à proportion du
nombre defdits Officiers nouuellement créez; en
confequence de laquelle augmentation d'Officiers , ayant eftimé à propos d'augmenter auffi la
fomme cy-deuant accordée à noftredite Chambre des Comptes pour les menuës neceffitez,
Nous leur auons accordé la fomme de deux mil
liures par chacun an d'augmentation pour leurfdi-
tes menuës neceffitez, fur le mefme fonds que celuy qu'ils ont à prefent. Et pour efgaler en gages,
efpices & droicts tous lefdits Officiers , tant les
anciés defdites deux Compagnies à prefent vnies,
que ceux que nous auons prefentement créez.
Nous auons attribué & attribuons ; à fçauoir à celuy qui exerce à prefent la charge de premier Pre-
fident en ladite Cour des Aydes , deux mil cent
liures de gages, pour auec quinze cens liures dont
il iouyt , faire iufques à trois mil fix cens liures,   3600.
ainfi que celuy de ladite Chambre des Comptes.
Aux autres trois Prefidens qui exerçoient leurs
charges en noftredite Cour des Aydes , deux mil
liures de gages , pour auec mil dont ils iouyffent , faire iufques à trois mil liures chacun , auec   3000
pareils droicts & efpices dont iouyffent les Prefidens à ladite Chambre. A ceux des Confeillers
Generaux des Aydes , qui iouyffent de huit cens   2000
liures de gages, douze cens liures chacun. Et aux
autres qui iouyffent de cinq cens liures de gages,   2000
quinze cens liures d'augmentation chacun , pour

B ij

parfaire à tous lefdits Officiers iufques à deux
mil liures chacun , ainfi que les Maiftres des
Comptes, fans aucune augmentation depuis. Aux
huit anciens Correcteurs trois cens feptante-
cinq liures de gages , pour auec vnze cens vingt-
cinq liures, dôt ils iouyffent, faire iufques à quinze cens liures chacun , ainfi que les quatre nouuellement créez. Aux douze anciens Auditeurs
trois cens trente-quatre liures de gages, pour
auec fix cens foixante-fix liures, dont ils iouyffent,
faire iufques à mil liures chacun , ainfi que les
huit à prefent créez. A nofdits Aduocats & Procureurs Generaux, fix cens liures d'augmentation
de gages chacun, outre ceux dont ils jouyffent à
prefent , en payant par nofdits Officiers les fom-
mes à quoy ils feront pour ce taxez en noftredit
Confeil, tant pour lefdites augmentations de gages, que pour lefdits droicts d'efpices de compte.
Tous lefquels gages & augmentations d'iceux attribuez aux Officiers noftredite Cour , tant anciens que nouuellement créez , ferout dorefna-
uant payez par les trois plus anciens payeurs des
gages des Compagnies qui exercent lefdites
charges, du fond qui leur fera par Nous ordonné
pour cét effet , & employé par chacun an dans les
Eftats des finances de ladite Generalité , dans lefquels fera auffi fait fonds defdites augmentations
du prix , lefquels Receueurs & Payeurs feront tenus rembourfer felon & ainfi qu'il fera ordonné
en noftre Confeil. Voulons auffi que le Concier-
ge plus ancien des deux Compagnies à prefent
vnies, foit tenu de defdommager le dernier pour-

ueu de la somme qui sera par Nous ordonnée : lequel neantmoins demeurera second Huissier de ladite Cour. Et affin qu'il ne puisse naistre aucun different entre les Officiers de nostredite Cour en la perception de leurs droicts , Nous ordonnons que les espices des cōptes & procez soient partagées entre les Presidens & Maistres, à proportion de ce qu'ils ont accoustumé de prendre, & que tous les Presidens, tant de l'vne que de l'autre compagnie, prennent semblables espices, & les Maistres des Comptes aussi pareilles aux Conseillers Generaux des Aydes. Distribution prealablement faite de ce qu'il appartiendra aux Correcteurs & Audianciers, pour les espices des Comptes seulemét. Voulons aussi que les espices qui prouiendront de tous les Arrests & autres expeditions qui seront faites ausdits Bureaux, soient partagées ainsi qu'il sera aduisé par lesdits Officiers, & que le desdommagement qui pourroit estre pretendu par celuy des deux Greffiers desdites deux Compagnies à present vnies , qui aura le moins financé en nos coffres pour l'acquisition de son Greffe en les rendant égaux en exercice & droicts , soit attribué par ladite Cour. SI DONNONS en mandement à nos amez & feaux Conseillers les Gens tenans nostre Chābre des Comptes & Cour des Aydes à Montpellier, que cettuy nostre present Edict , ils ayent à faire lire, publier & registrer, & le contenu en iceluy garder & obseruer de poinct en poinct selon sa forme & teneur, sans dilation, ny remise, cessant à cette fin tout exercice particulier de l'vne & l'autre Com-

pagnie. MANDONS en outtre à nos amez &
feaux Conseillers les Presidens & Tresoriers Generaux de France, aux Bureaux de nos Finances
establis à Toloze & Beziers, de registrer le present Edict, & le contenu en iceluy garder & obseruer de poinct en poinct selon sa forme & teneur, sans souffrir qu'il y soit contreuenu. MAN-
DONS aussi à tous nos Officiers, Iusticiers & Su-
iets qu'il appartiendra, qu'ils ayent à obeyr aux
Arrests & Iugemens de nostredite Cour des
Comptes, Aydes & Finances, & faire chacun à
leur regard ce qui leur sera par elle ordonné, en
consequence de ce qui est attribué à nostredite
Cour par le present Edict; lequel Nous leur en-
ioignons faire aussi publier en leur ressort, & registrer en leurs Greffes sur les coppies d'iceluy,
deuëment collationnées, qui leur seront enuoyées
par nostre Procureur General en nostredite Cour
des Comptes, Aydes & Finances; nonobstant tous
Edicts, Ordonnances, Reglemens, Arrests &
Lettres à ce contraires. Ausquelles, & aux derogatoires des derogatoires y contenuës, Nous auõs
dérogé & dérogeons par cesdites presentes : Car
tel est nostre plaisir. Et affin que ce soit chose ferme & stable à tousiours, Nous y auons fait mettre
nostre scel, sauf en autres choses nostre droict, &
l'autruy en toutes. Donné à Nismes au mois de
Iuillet, l'an de grace mil six cens vingt-neuf. Et
de nostre regne le vingtiéme. Signé LOVIS. Et à
costé, visa. Par le Roy, PHELIPPEAVX. Et
scellé du grand sceau de cire verte, en lacs de soye
rouge & verte.

Leu, publié & registré en la Chambre des
Comptes, pour le contenu d'iceluy estre gardé &
obserué selon sa forme & teneur : Ouy, & ce requerant le Procureur General du Roy, suiuans
l'Arrest de ce jourd'huy à Montpellier le vingt-
vniéme Iuillet mil six cens vingt-neuf. Signé,
Pyiol.

Leu & registré en la Cour des Aydes de
Montpellier, pour le contenu audit Edict estre
gardé & obserué selon sa forme & teneur, aux
conditions portées par l'Arrest de ladite Cour
de ce jourd'huy : Ouy, & ce requerant le Procureur General du Roy, audit Montpellier le
vingt-vniéme iour de Iuillet mil six censvingt-
neuf. Signé. Darenes.

Collationné à l'Original par moy
Conseiller, Secretaire du Roy & de ses
Finances.